POEMAS
CON **ALMA** Y
SENTIMIENTO

OMAR VALENTE MANZO

POEMAS
CON ALMA Y
SENTIMIENTO

OMAR VALENTE MANZO

ola
PUBLISHING
INTERNACIONAL

ISBN: 978-1-63765-244-2

ola
PUBLISHING
INTERNACIONAL

Hola Publishing Internacional
www.holapublishing.com

Impreso y encuadernado en los Estados Unidos de América

Este libro va dedicado a las personas que han leído mis poemas; a mi familia, que siempre ha sido mi apoyo fundamental; a Dios, que siempre me ha dado la bendición para seguir con mis sueños y llevar la bandera de la paz y la cultura.

Con mucho esfuerzo y dedicación vamos a continuar el camino de la literatura y preservar las raíces y las costumbres, por lo que esto será un comienzo y un final.

Índice

No puedo olvidarte

No quiero olvidarme de ti
porque no puedo hacerlo,
pero es hora de alejarme.
Es que ya me di cuenta
de que tienes otro amor,
aunque tú no me digas.

Eso ya lo he notado
y todo lo he soportado

Olvidarte no he podido.
Tu imagen siempre en mi mente.
Te seguiré amando una vez más;
para siempre te seguiré amando.

Por las noches sueño contigo.
De día siempre estás en mi mente.
Anochece y yo pensando en ti.
Despierto y no estás conmigo.

No puedo olvidarte, te juro que no he podido.
Ya lo he intentado, pero es en vano.
Me iré para siempre. Sin ver atrás.
Yo sufriré y tú sigue tu camino.

Soñando contigo

Duermo para en ti soñar, con la noche por testigo.
No te miento cuando digo que te amo.
Te quiero sin importar nada ni nadie.
Lo que la historia decida y escriba,
que por ti daría la vida; nunca vayas a dudar.

Con la Luna de testigo, que entra por tu ventana,
celando tu sueño, y la noche, bañando tu cuerpo,
y yo soñando que escribo un poema en tu piel.
Tus ojos cafés que me provocan insomnio.

Tú, risa que me invade cada vez que te veo,
tus delicadas caricias que me enloquecen,
los deseos de entregarnos cada noche,
las tardes de gran pasión entre los dos.

Por eso, y por mucho más,
te llevaré en mi vida hasta el final.
Quiero decirte que nunca te arrancaré de mi alma,
en mi corazón estarás prisionero hasta el fin.

El amor no se olvida

Yo me dije: "Olvidarlo"

¿Pero cómo se le obliga a un corazón a olvidar, a no recordar, ¡a dejar de querer... a un amor querido!

¿Cómo te despiertas una mañana sin la necesidad de querer escucharlo, aunque sea una última vez?

¿Cómo te desprendes de los recuerdos que te amenazan cada noche con invadirte y no dejarte dormir?

¿Cómo le dices que no a esos pensamientos que se te cruzan por las tardes cuando recuerdas su risa?

¿Cómo le exiges a la piel que no se erice al imaginarlo cerca de ti?

¿Cómo sacas de tu cabeza esa voz que tanto te hace temblar, que te trastorna la vida y te deja vulnerable, ante todo?

¡Cómo! ¿Cómo obligas a un corazón a dejar de querer y amar de la noche a la mañana?

Noche lluviosa

Es de noche y está lloviendo,
como la primera vez que te vi,
con la lluvia fría empapándonos,
como aquella vez que te conocí.

Ese día lluvioso de gran felicidad
brincábamos y no parábamos.
La Luna, testigo del encuentro;
el tiempo pasaba sin pensar en él.

Llegaste una tarde a la estación
para despedirte y estaba lloviendo.
Yo quisiera olvidar algún día el dolor,
pero sigo aquí, engañando al corazón.

Con tristeza en mi mente te vi partir,
con lágrimas en mis ojos te dije adiós.
Y al ver que te alejabas, sentí morir.
Yo quería amar y tú querías el amor.

Regresa cariño mío

Si tú quisieras estar conmigo
se acabarían tus sufrimientos
Si yo pudiera acompañarte,
toda la vida yo te amaría.

Tú deberías regresar al nido.
Lo que daría por que estuvieras
aquí conmigo, junto a mi cuerpo.
Quisiera ser el mejor motivo de tu regreso,
pero creo que es muy tarde para eso.

Muy tarde comprendiste mis virtudes,
muy tarde entendí tus sentimientos.
Regresa, cariñito mío;
regresa, amorcito mío.

Si tú quisieras regresa conmigo,
cada día te daría más amor,
cada noche más cariño,
cada mañana te abriría mi alma,
y cada tarde tendrías mi corazón.

En fin, tendrías… todo; no te faltaría nada.

En fin, te escribí en poesía.

Te escribí en prosa.
Te escribí con amor y
con el corazón abierto.

Nos dijimos adiós

¿Por qué nos dijimos adiós
si fue un idilio entre los dos?
Los dos, cómplices del amor;
amor que supo del dolor.

¿Por qué me dejaste partir así?
No más tristezas ni más llantos
porque te dije adiós y estoy sin ti.
No más lágrimas ni más lamentos.

Mejor veamos el agua que corre
por el río; nosotros en el puente
simulando alegría y fingiendo
felicidad de un adiós,
ocultando el desconsuelo
que nos invade. Mirando tus ojos
no pude alejarme sin abrazarte,
sin mirarte, acariciarte y besarte.

El puente roto, testigo
de nuestro inseparable amor.
Los pajarillos revoloteando,
nuestro idilio de amor.

Regresé hacia ti y nos abrazamos.
Con una súbita mirada de los dos
me di cuenta de que nos amamos,
que necesitamos estar juntos.

¡Por qué decirnos adiós
si lo que sobra
entre nosotros es AMOR!

Me enamoré de ti

No sé cómo fue, pero me enamoré.
Me hipnotizaron tus suaves sonrisas,
tus ojos que me robaron mi alma.
Me enamoraron tus caricias, amor.

Me enamoré de ti
por tus bromas, que me hacían reír,
por tus besos largos y apasionados,
por tus pensamientos pecaminosos,
por tu cuerpo, que dormía en mi ser.

¡Ahora estoy enamorado!
Me encantan tus sueños cada noche,
tu tersa piel que me enloquece a diario,
tus manos que me acarician el alma.

Tu bella y zalamera mirada,
tu penetrante y cautivadora sonrisa,
el rocío de tus labios que me envenenan;
de ti estoy enamorado.

¿Cómo dejar de quererte?

¿Cómo dejar de quererte, mi amor,
si te extraño cada día más y más?
¿Cómo dejar de amarte, vida? ¿Cómo?
Si en cada rincón de mí, tú estás.

¿Cómo dejarte amor y olvidarte
si te recuerdo en cada instante?
¿Cómo olvidarte si eras mi vida,
si tu cuerpo en mí dormía?

¿Cómo irme si aún me quieres?
¿Como alejarme si te extraño,
si tu sonrisa no puedo borrar?
Mis labios no olvidan tu boca.

¿Cómo dejar de amarte, vida mía?
¿Cómo alejarme de ti, cariño mío?
¿Cómo dejar de amar esa sonrisa?
¿Cómo dejar de amarte ahora?

¿Cómo podré olvidarte, mi vida? ¿Cómo?
Si en cada recuerdo de la casa estás.
Tu bata de dormir cuelga en la alcoba,
tu risa en el jardín aún se escucha.

Mi último insomnio

Mi último insomnio por ti será hoy.
Mis noches sin dormir, pensando en ti.
Mi amor por ti me quita el sueño.
Hoy será la última noche contigo.

El no saber de ti me quita el sueño.
Me dejaste en un camino extraño,
un camino que no conocía de ti.
Te fuiste sin decir nada.

Hoy es la última noche sin dormir.
¿Dónde estás ahora? ¿Con quién?
Las noches y los días eras mi vivir.
Terminaron mis insomnios por ti

Fuiste alguien que llegó así.
¿Por qué debería reclamarte ahora?
La última noche que estuve contigo
fuiste mi todo y te amé de mil modos.
El último insomnio por ti es hoy.

Gracias, amor mío

Gracias, amor mío,
por todo el cariño que tienes conmigo;
por dejarme estar siempre contigo
las mañanas y las noches de mi vida;
por vivir en tu regazo cada día.

Gracias, amor mío,
por dejarme estar pendiente de tus
noches y tus días;
por aceptar mi mano
cuando me necesitabas;
por velar tus sueños
en mis noches de insomnios.

¡Gracias, amor mío!
Por amanecer cada día en mi cama,
por ver la Luna juntos desde mi alcoba,

por quererte tanto:
yo te seguiré cantando
…hasta que la vida se me acabe
…en tu regazo. Gracias, amor mío.
Gracias por quererme tanto.

Gracias, amor mío,
por la paciencia que me tienes día a día;
por aguantarme mis caprichos. Vida mía,
por tomar mi mano cuando te necesite,
por el amor que me das con tu mirada.

Gracias, amor mío, por quererme tanto.

Invierno sin ti

Invierno sin ti.
El invierno llega una vez más
y tú no estás aquí para cubrirme.
Fueron los más bellos recuerdos
que pasamos cuando te amaba.

El frío se acerca, la nieve cae
y tú no estarás más aquí.
Lo gélido llega, el viento ruge
y tengo miedo; no estás aquí.

Tu piel ya no me calentará más.
Tus ojos ya no volveré a sentir.
Lo tibio de tus besos no tendré.
Tus brazos sin poderlos sentir.

¿El invierno llega y dónde estás?
Extrañaré siempre tu cobijo cálido;
siempre tus bellas caricias, sintiendo
que eres lo que me falta en este invierno.

No habrá invierno más frío que éste
porque no estarás más junto a mí,
porque tu ausencia aniquila mi calor.
El aroma de tu ausencia permanece.

Se me hizo fácil

Se me hizo fácil quererte
por tu mirada suave y sincera.
Se me hizo fácil amarte
por tu bella alma entera.

Sí tenías cualidades que
me gustaban,
me alegraban,
me encantaban.

Tu mirada me endulzaba.
Tus caricias me revivían.
Tus besos me enloquecían.
Tu cuerpo me transformaba.
Tenías todo para enamorarme,
te di todo para enamorarte.

No sé qué faltó,
no sé qué querías.
Amor, había pasión; había
deseos de amarnos.

Si salíamos a una cita, para mí
era como un viaje fantástico
a un lugar bello y mágico.
¿Cómo no enamorarme de ti?

Se me hizo fácil enamorarme
y ahora me es difícil alejarme.
Olvidar tu, dulzura, mirada;
ver que no estás en mi almohada.

En fin... Se me hizo fácil.

Porque te quiero

No sé qué sería de mí
si no estuvieras aquí conmigo.
No podría reír ni vivir
si no estuvieras aquí junto a mí.

Cuando uno quiere a veces hiere
sin querer, por tanto amor.
Te pido mil disculpas si te lastimé
alguna vez o te herí sin pensar.

Yo sin ti no sabría volar,
no tendría ilusiones para seguir.
Y si tú no estás no podría reír,
no podría soñar ni vivir.

Si te busco es porque te quiero.
Si te extraño es porque te necesito.
Porque te quiero, yo estoy alegre.
Si estoy celoso es porque amo.
Si estoy triste es porque no te veo.
No saber de ti: siento que me muero

Te pido que pienses que yo te quiero.
Piensa en los momentos hermosos,
momentos inolvidables entre los dos.
Eres mi razón de vivir noche y día.

Si te busco es porque te quiero.
Si te extraño es porque te quiero.
Si estoy celoso es porque te quiero.
Si me preocupo es porque te quiero.
Si estoy feliz es porque te quiero.

Quise todo contigo

Quise recorrer la vida junto a ti,
caminar contigo, tomarnos de la mano,
diciendo tonterías y platicando de poesía.
Quise comerte a besos tantas veces.

Despertarte en plena madrugada
para decirte lo mucho que te quiero.
Darte las buenas noches con un beso,
un abrazo apasionado y lleno de deseos.

Alguna vez dibujé tu rostro
con mis dedos mientras dormías.
Alguna vez contemplé tus sueños
mientras acariciaba tu rostro.

Quise adorar tu aroma y perfume
cada vez que me abrazabas.
Quise saborear la miel de boca
cada vez que me besabas.

Quise conocer tu mundo y tus miedos.
Quise conocer tus alegrías y tus penas.
Quise conocer tus deseos sexuales.
Quise enloquecer en tus brazos.

En verdad quise todo. Te quise tanto.
Te amé con el alma; te adoré de más
y no fue suficiente para ti.
¡Qué más querías! ¡Amor, había mucho!

Quise decirte adiós y ahora ojalá vuelva a verte. Pero es demasiado tarde y ya te has ido.

Cariño mío

¡Ho! Cariño mío,
veo todos los días tu belleza
por el ventanal de mi alcoba;
a través de la gran maleza
contemplo tus caricias.

Quisiera, cariño mío,
saborear tu cuerpo cada noche;
recorrer tu piel y quemarla suave
con mi pasión y deseo devorarte;
encender tu mirada y besarte;
penetrar a través de tu sonrisa.

¡Ho! Qué bonito, amor,
sería caminar de la mano juntos;
compartir un café sin un final;
despertar los dos en una almohada.
Somos átomos del mismo universo.

Estando juntos sería un bonito amor, ¡cariño mío!

Diciembre sin ti

No quiero un diciembre sin ti
porque, si no estás conmigo,
el frío se apodera de mí.
Quiero un invierno contigo.

No quiero que el frío llegue.
Lo gélido del hielo me irrita.
Yo veo en tus ojos la nieve.
Tengo miedo. Quiero tu cobijo.

Necesito el candor de tu piel;
tus caricias para no sentir frío,
tus besos para sentirme vivo,
tus labios para sentir los míos.

Diciembre, no llegues.
Llega sin el invierno;
llega, pero con una escarcha
de felicidad, armonía y paz.
Y si no, mejor no llegues.

No quiero un diciembre sin ti.

Poema para un amor

Eres una de las personas
que más quiero en la vida,
una historia en mi cuaderno,
un soneto nunca escrito.

En cada poema estás tú;
en cada rima tu mirada;
en cada verso tu sonrisa;
en cada métrica tu mano,
y en cada parábola un sueño
profundo.

Tu cuerpo: el mejor papiro
para escribir los coloquios para ti.

Tu piel: el mejor lienzo para plasmar
nuestra historia jamás contada;
en cada mosaico un capítulo de
nuestro bello amor para recordar;

en cada página un recuerdo de ti;
en un borrador un sublime deseo;
en un renglón un escrito apasionado,
y en la portada un poema de amor.

Amor a destiempo

Me hubiera gustado encontrarte
en otra dimensión y en otro tiempo.

Me hubiera gustado amarte
en alguna otra vida,
en algún otro espacio;
haberte conocido
en otra circunstancia.

Tal vez si hubiera sido así no
tendríamos la diferencia de hoy.
No tendríamos miedo para amarnos.
Tomaríamos los dos del mismo café.

Pero estoy seguro de que nos volveremos
a encontrar y esta vez será diferente,
porque ahora:

te comería a besos, sorbo a sorbo.
Recorrería tu piel noche y día.
En las madrugadas bebería tu aliento.
Cada minuto tendría tu bella mirada.

Quemaría tu cuerpo cada noche.
Con mucha pasión y deseo
sentirías el amor entre tus brazos.
Y no viviríamos a destiempo nuestro amor.

Carta de despedida

Me voy de ti, con la condición de que me prometas que seguirás adelante con tus logros, tus metas y que serás mejor persona, que en tu vida cambiarás para mejorar. ¡Me llevo de ti, en una bolsa, una gran promesa, que sé que cumplirás al pie de la letra! No quiero ser una distracción para ti, no quiero incomodarte con mi presencia, ¡no vivas ocultando tus acciones por mí! ¡Camina hacia delante siempre y no voltees hacia atrás! Sólo hazlo si me recuerdas. Sé fuerte siempre; aguanta las peores tormentas porque en el camino siempre hay... Por más débil que te sientas, no desistas. Levántate y sigue adelante. Yo no estaré ahí más para darte mi mano, pero le pedí a Dios fuerza y fortaleza para ti. Lo que sí te pido es que nunca olvides a este loco, terco y necio que siempre te amó. ¡Te quiso hasta el cansancio! ¡Que siempre deseó lo mejor para ti en la vida! ¡Que siempre te esperó con los brazos abiertos, que todas las noches te esperaba antes de dormir! ¡Que siempre se preocupó por ti! En fin, y, por último, te digo que en el camino encontrarás personas que dicen ser tus amigos, pero sólo serán para la diversión porque cuando los necesites nunca estarán. ¡Si algún día nos llegamos a encontrar en esta vida, me va a dar mucho gusto saber que eres una persona de éxito, triunfadora!

Adicto a ti

¡Quizás! Me deslumbra tu belleza,
tu juventud, cariño y tu aroma.
Algo de amor por años no tuve,
pero llegaste tú y todo cambió.

Ahora sólo el olor de tu fragancia
me envenena y enloquece el alma.
Ahora bebiendo de tu piel canela
me hago adicto a devorar tu cuerpo.

Ahora sólo quiero:
tomar el jugo de tus bellos ojos,
quemar tu piel con la mía,
tenerte de nuevo y besarte,
sentir la espuma de tus labios.

Me hice adicto a tu amor.
Sentir tus brazos cada mañana;
cada noche sentir tus caricias,
arrumacos que despiertan mi alma.

Soy adicto a tu cuerpo y amor
porque alimentan mi espíritu.
Adicto sin miedo a amarte y
a extrañarte noche y día.

Te voy a querer

Te voy a querer toda mi vida.
En un momento voy a enloquecer
del amor que tengo aquí guardado
y que un día te tenía que pertenecer.

Te estoy amando tanto;
como nunca había querido,
como nunca te han amado,
y como nunca te querrán.

Comerte a besos día tras día
porque conmigo vas a estar.
En las noches y los días de amor
te haré enloquecer, vida mía.

El no verte a diario me lastima
porque siempre estás en mi mente.
El amarte día y noche me anima
porque sé que no te alejarás.

Un amor que no llegó

Siempre hubo motivos para
querernos y acariciarnos.
Siempre hubo amor para amarnos.
Siempre había deseo y ganas de
estar cerca uno del otro,
pero siempre había un pretexto
que detenía nuestro encuentro.
Hubo todo excepto tu disposición
y tu valor, tu valentía y tu decisión.
No necesitábamos un tiempo perfecto,
un lugar exacto, ni tampoco ser el
amor perfecto, porque no lo hay.
Ni el amor correcto porque no existe.
No necesitamos estar juntos para amarnos.
No necesitábamos herirnos para
saber que nos amábamos.
Tan sólo fuimos el amor que no llegó,
ese al que hoy renuncio porque me quiero,
y sé que, al soltarte, algo mejor para mí vendrá.
Para quererte primero me tengo que querer yo.
¡Fuiste el amor que no llegó!

Me cansé de amarte

Me cansé de quererte y amarte.
Estoy cansado de no tenerte.
Me cansé de luchar por tu amor,
de seguir luchando con temor.

Me cansé de estar contigo y sin ti,
De ser siempre un extraño para ti.
Me cansé de siempre esperar,
de tenerte en mi vida en un altar.

Cansado de amar lo que no es mío.
Fingías amor cuando querías un beso.
Me cansé de callar y ser sumiso
por miedo y temor a perder tu cariño.

Me cansé de esperarte todo el otoño.
Llegó invierno y tu vida seguía sin fin.
El cariño y el amor se extinguían;
no podía esperarte siete lunas más.

Prefiero perder el tiempo que te amé
a perder toda mi vida esperándote.
Porque fui un amor que no amaste
y nunca aprenderás a amarme.

Tu cuerpo desnudo

El erotismo es acariciar sin palabras;
es cuando la piel se eriza al contacto;
es sentir cada recoveco de su cuerpo y
penetrar en su amada alma con el deseo.

Nuestra noche erótica de dos amantes y
al calor de la pasión. Caen las prendas.
El rojo carmín cubría tu espalda
y ardía en llamaradas candentes.

No quiero lavar sólo tu cuerpo,
quiero enjuagar tu alma bella y
curar tus cicatrices con el tiempo;
enmendar tus heridas, mi doncella.

No quiero tus sábanas blancas,
quiero una noche bohemia... porque
para compartir tu alcoba, muchos, y
para estar en tu vida, sólo yo.

Hice pesquisas y pesquisas buscándote.
Hice el amor mil veces para encontrarte.
Recorrí el Universo, llegaste a mi vida y
ahora estás aquí y no quiero que te vayas.

No quiero morir de amor

No quiero morir asfixiado por tu amor.
Para eso tengo que subir a una nube.
Darte las gracias por sólo tu tiempo.
Desde allá no habrá tristeza ni llanto.

No quiero morir por un sentimiento,
sentimiento que está guardado en ti.
No quiero esperar más. Vive sin mí.
Vivir contigo es morir en un lamento.

No quiero morir por un amor necio.
Quise entregarme de una forma total.
No quiero morir amándote en silencio.
No quiero irme de ti sin decirte adiós.

Nadie muere de amor por un corazón.
Nadie entiende al corazón enamorado.
El alma es la que está herida por amor,
o alguien que no ve el alma amada.

Desabrochaste mi alma con puro amor.
Rompí tus miedos para enfrentar la vida.
Desgarraste mi piel con besos latentes.
Me bajaste el cielo y te di mi paraíso.
Y no te basto para vivir en él.

¡Nadie muere ni vive por amor!

Amarte en silencio

Quiero amarte en silencio
porque así no siento el agravio.
Quiero besarte en mis sueños
porque así no siento desprecios.

Quiero tenerte desde una nube
para que así no sepas de mí.
Quiero extrañarte cada noche
y de día comerte a tantos besos.

Elijo amarte en mi soledad
porque sólo así estás aquí.
Elijo quererte a la distancia
porque no duele tu rechazo.

Quiero besarte en el tiempo
porque el tiempo es sólo mío.
Quiero tenerte en mis sueños
porque mis sueños son infinitos.

Decidí amarte en silencio.
Elegí tenerte en la distancia.
Quiero besarte en un sueño y
sentir tus caricias de ilusión.

Tú indiferencia

Se acaba el amor y, cariño, entre tú y yo,
tu indiferencia me aniquila cada día.
Nuestro amor cada noche culmina.
Tus besos no tienen el mismo sabor.

Tus ojos no me miran como antes.
Tu cuerpo tiene aroma de otra piel.
Mi alma día y noche te ha sido fiel.
La cama no vibra como amantes.

Te busco y siempre me rechazas.
Te quiero ver y tú nunca estás aquí.
No seas cobarde y dime la verdad.
No te voy a atar con hierro y seguir.

Amor, ¿crees que no me he dado cuenta
que ya tienes otro Amor en mi lugar?
Me das excusas y descubro tu trampa.
Dime la verdad, pero no me engañes.

Tus sueños se duermen de madrugada.
Tus ojos ya no brillan al mirarme, amor.
Hace tiempo que te he visto indiferente
y he llorado en tus brazos de repente.

Prefiero que te vayas,
aunque yo sin ti muera,
pero no me engañes.

Tus ojos cafés

Quisiera nadar tu mar azul profundo;
beberme tus ojos cafés de un sorbo.
Quisiera naufragar en tus océanos y
calmar tus aguas con mis manos.

Quisiera bucear con mis besos, amor.
Quisiera enamorarte junto a la Luna y
sentir tus caricias al sereno del alba;
sentir noche a noche tu dulce candor.

Borrarte tu pasado escabroso quisiera.
Curar tus cicatrices que un día te hiciera.
Escribirte en un pergamino lo que te amo.
Te amaría una madrugada, en ti jurando.

Tus ojos cafés me enloquecen y
tu mirada enciende mi deseo por ti.
Tus manos aniquilan mis caricias y
tu piel, junto a la mía, me hace volar.

Tu lujuria embriaga mi pasión.
Tu silencio me incita a tenerte.
Tus ojos y tu mirada me hieren.
El café de tus ojos me cautiva.

Los amantes

Quiero amarte a mi manera.
Déjame hacerlo sin miedo.
La gente que diga lo quiera;
sólo hay un amor en la vida.

No quiero amarte a escondidas.
Entreguemos al amor lo mejor;
no vivamos un amor a medias.
Busquemos la pasión en el amor.

Ámame en cada rincón, vida mía;
como tú quieras, pero hazme feliz.
Ámame en lo prohibido, como amante.
Gózame y explórame para quererte.

De la manera que quieras, devórame.
De la forma que tú gustes, ámame.
Nuestro amor en silencio esperará.
Acariciarte con la mirada mi delirio.

Palpar y sentir tu cuerpo, no cada día.
Me enerva la sangre sentir tu ausencia.
En la cama, en silencio, vivo en tu vida.
En mis sueños acaricio las vivencias.

Vivir sin ti

Me voy de ti, amor mío.
Que tengas todo el amor.
Adiós, vida mía. Hoy te digo
que encuentres el calor
que no tuviste conmigo.

Perdón por no saber amarte.
Ahora estoy triste y abandonado
porque no aprendí a quererte.
De ti sigo muy enamorado.
¿Y ves? No supe entenderte.

Enamorado como la Luna del Sol,
como el océano extrañó sus mares.
Yo necesito tus besos y tus caricias.
Te amo, te adoro y siempre te querré.

Es hora de ser feliz contigo o sin ti.
Es hora de levantar el vuelo y vivir,
de buscar un corazón para latir y
encontrar un nuevo horizonte sin ti.

Es hora de abrir mis alas y volar,
de vivir la vida y volver a andar,
de lavar y cicatrizar las heridas
que dejaste de tantas caídas.

Vivir sin ti no es en vida morir,

ni sufrir por alguien que no sabe vivir.
Vivir sin ti no es sufrir para vivir
y alimenta mi agonía de morir.

Una nueva vida y
un nuevo amor
para los dos vendrán.

Mi alma te reclama

Una rosa en mi cuerpo,
significado de tu amor.
Mi pasión por tu mirada.
Tu sonrisa fijada en mí.

Tu candor alivia mi dolor.
Tus ganas de estar conmigo
me hacen olvidar mis penas.
Mis manos acarician tu alma.

Tu cuerpo desnudo enloquece
mi vida y hace arder mi pasión,
quemándonos al calor de la noche y
tu rojo carmín enciende mi deseo.

Mi vida junto a ti: un oasis de helecho.
Soy como una hojarasca en tu destino
Eres una rosa en mi candoroso pecho
Fuiste las huellas en mi árido camino.

Mi alma te reclama.
Tu cuerpo me necesita.
Mi corazón te añora.
Los dos, en la vida, nos amamos,
nos queremos y nos necesitamos.

Tú eres una poesía

Eres la prosa que buscaba,
una rima perfecta para mi vida,
el soneto que por años soñaba,
cómplice de mi pasado que anida.

Tú, amor me enerva una poesía
Una poesía a través de tu mirada
Tu mirada dulce, coqueta y mística
Tú, sonrisa un coloquio de tu amor

Siempre fiel y admirador de tu amor
Siempre probando la miel de tus labios
Eres el compendio para escribir tu vida
Te escribo en poesía para así amarte

Esta poesía es para ti
Si la estas estudiando
Cada párrafo es de ti
Si la estas sintiendo
Cada coloquio por ti

Siempre cómplices del amor
Cómplices en nuestras vidas
Cure tus cicatrices con amor
Enjuague tu alma con besos

En fin. Te escribí en poesía
Te escribí en prosa
Te escribí con amor y;
Con el corazón abierto.

Una historia de amor

Quiero escribir en tu cuerpo
la historia de nuestro amor;
plasmar la vida de los dos
y escribir mil veces te amo.

Gritarle al mundo que te quiero.
que el viento divulgue mi amor.
que mi alma grite mi deseo;
pintar en tu cuerpo un corazón.

Estar en tu pensamiento furtivo y
amanecer en tus brazos otra vez.
Sentir tus caricias frotando mi alma
y vivir la vida en un letargo de amor.

Beber de tu boca y probar la miel
de tus labios a través de tus besos.
Acurrucarte todas las noches
En mis brazos y saciar tus deseos.

Tú me haces falta

Tu amor extraño cada día, mi vida.
Sin ti no es vivir ni se es feliz, amor.
Cada noche el estar sin ti es morir;
estando contigo es soñar y revivir.

Eres la ternura que siempre anhelaba
Eres la pasión en medio de mis caricias
Eres el mejor vino que alegra mi vida
Eres el frío que llega apagar mi fuego.

Tú sabes curar y sanar mis heridas.
Sabes que te amo, así sean tres vidas.
Yo te amo tanto como a la misma Luna.
Sabes que te quiero; como a ti, ninguna.

Llegaste a mi vida en pleno invierno.
Tú necesitabas que apagara tu lecho.
Sabes comprenderme y así me gusta.
Necesitaba tu aroma para respirar.

Reniego de no tenerte en mi espacio,
del tiempo que no me dejaste amarte.
Me arrastran tus caricias a tu antojo.
Gobiernas y aceleras toda mi mente.

Tu aroma

La noche y la Luna, por el balcón,
sienten la presencia a tu llegada.
Flota tu aroma en mi alcoba
y me embriagas con tu pasión.

Tu cuerpo lo extraño cada noche
cuando me das a probar tus besos,
cuando trenzamos las piernas y
recorres mi piel con tus caricias.

Me haces soñar estando en mi regazo.
¿Cómo impedirlo estando en tus brazos?
¿Cómo dejar de oler tu dulce aroma
si en mi cuerpo tatuada está tu alma?

Por un momento pienso que regresarás,
esperando la barca a la orilla del palmar,
respirando el viento embriagado de ti.
Y quizás esperaré siete vidas más sin ti.

Porque te amo, te quiero, te extraño
y te necesito... No puedo estar sin ti.

El día que me vaya

El día que decida irme, será en silencio,
para que no haya lágrimas en el bullicio.
No diré nada porque ya todo está dicho,
todo estará decidido. Me iré sin ruidos.

Decidí irme sin gritos ni malas palabras.
Me voy de Ud. susurrándole mi partida
porque así no dolerá más su ausencia.
Me iré con un gran nudo en la garganta.

No diré adiós ni habrá una despedida.
Las despedidas duelen, y más en vida.
Me iré de frente sin dejarle de amar,
dejándole algo de mí en su corazón.

Me llevaré lo mejor: su amor infinito.
Tatuada su vida en mi alma estará.
Mis besos y caricias jamás tendrán.
Me iré con el corazón en la mano.

Llevaré el camino abierto al amor.
Mis brazos abiertos de par en par.
Mi corazón enmendado para amar.
Se enamorará mi alma sin rencor.

Me iré en silencio y sin volver atrás.
Eso será el día que me vaya de ti.

Tengo celos del mar

Del mar tengo celos, pues moja tu piel.
Tengo celos de la cama que te besa
porque eres sensible a los susurros
de los que te hablan y dicen serte fiel.

De la gente que te mira tengo celos.
Celos tengo de la Luna que te ilumina,
del Sol que baña tu bella y suave alma.
Me da celos que a todos les sonríes.

Odio al viento; sabe que estoy contigo
y, aun así, te acaricia la espalda.
Odio al Sol porque él te quita el frío,
y él sabe que a mí me dan celos.

La Luna, el mar, el Sol, el frío y todos
saben que te amo, te quiero y adoro,
y, aun así, te molestan. Nos quieren
separar, te quieren alejar de mí.

Te despiertan estando en mis brazos,
pero no podrán separarnos porque
nuestro amor es más que los celos.

Alma torera

Matador de elegante y brillante atuendo.
Tu valentía y capote bailan el paso doble.
Tu gallardía siempre de frente viviendo.
Rejoneando el mejor toro de lidia.

Banderilleros luciendo elegantes portes.
Torero de temple haciendo chiquilinas.
El novillo siente seducción por el capote.
Torero con pasos llenos de adrenalina.

Un toro de gran linaje y amorcillado,
partiendo su gran faena, es indultado,
con sus largos pitones paliabiertos;
su rabo y sus orejas aterciopelados.

Monosabios atentos en las corridas.
Banderilleros con las espadas rígidas,
con un rabo y una oreja: su gran triunfo.
Matador haciendo unas verónicas.

La banda presenciando el gato montés.
El picador con su garrocha penetrando
y las trompetillas le suenan al bárbaro.
Alma torera para novilleros mexicanos.

Alma torera que viste el traje de luces
con el temple, la gallardía y la valentía;
que entra al ruedo partiendo plaza y
sin importar el peligro en cada faena.

Muerte

¡Oh! Muerte, palabra difícil de pronunciar.
¡Oh! ¡Muerte, qué inoportuna a veces eres!
Porque llegas en plena juventud mística,
palabra que hace latir al corazón fuerte.

Muerte, te llevas almas de gran belleza.
Te llevas la envoltura, pero no su alma.
Te llevas su carne, pero no los recuerdos.
Muerte, a veces traicionera de la vida.

Muerte, llegas en el tiempo exacto.
Ni temprano ni tarde, siempre a la hora.
Nunca a destiempo tu triste llegada.
¡Oh! Muerte bendita y llena de sabiduría.

Llegas y llevas sin saber a quiénes
te llevas: almas de infantes inocentes.
De una manera egoísta y ruin arrasas.
Muerte, a veces traicionera de vidas.

Quien sufre la muerte de un ser amado
tiene una transformación, una traición, un
estado de ánimo, un sentimiento por el
que a nadie le gustaría pasar... ¡Oh! Muerte.

Orgasmo de amor

Esta noche quiero poseerte así, húmeda;
lamer cada poro de tu cuerpo escurrido;
empezar por tus pies; llegar a tus muslos;
estacionarme y oler tu vulva humedecida;

bañarme con el sudor que destila tu piel.
Deja que penetre mi aroma en tu cuerpo.
Poséeme de forma que disfrutes mi hiel
y desnúdame el alma con tus miradas.

Recorreré cada rincón de ti abierto.
Déjame explorarte lo más recóndito.
Haremos que la noche cuaje de amor,
hasta quedar en un letargo de éxtasis.

Te huelo despacito con mi suave nariz y
respiro el movimiento de tu bello sexo.
Gota a gota, tu sabor a gloria de deseo,
hasta que las ropas escurran tus piernas.

Déjame quererte en un letargo de pasión.
Déjame amarte en éxtasis de emociones,
una orgía que disfrutamos sólo los dos.

Hagamos el amor al ritmo de un baile.

La ingratitud

Las personas no saben agradecer.
Nadie sabe lo que es la gratitud
hasta que dejan de tenerla una vez.
La buscan cuando se muda de lugar.

Nadie valora una buena amistad,
ni siquiera un momento dedicado
lo valoran hasta que deciden irse,
hasta que ya no está la presencia.

Los consejos tampoco se aprecian.
Ni el tiempo dedicado es valorado;
lo valoran cuando dejas de ayudar,
cuando te estás yendo de su lado.

Agradece el tiempo que te regalan
Porque no se vuelve a recuperar.
Que no lo agradezcan es cosa mala
porque después nadie te lo va a dar.

Por eso y por mucho más agradece.
Nadie te dedica espacio en su vida:
quien lo hace te quiere y te aprecia.
Sé agradecido, alguien te merece.

No siempre se tiene la fortuna
de contar con alguien a tu lado,
que llegue de manera oportuna
y te cure cuando estás herido.

Fragmentos de una carta de despedida

¡Hola! No me voy porque seas un estorbo en mi vida ni porque no te quiera; no me voy porque te haya dejado de amar. Te quise mucho, te amé con el alma, te adoré con el corazón en la mano. Quizás fui yo el estorbo para ti.

Me voy. Para mí no es fácil hacerlo y dejarlo todo, dejar recuerdos imborrables. Te dejo para que seas libre, para que crezcas, para que encuentres los horizontes y logres la felicidad. Nuestro tiempo de felicidad y amor ya pasó. Se acabó simplemente. Nadie tiene la culpa.

Me voy sin decirte adiós porque no me gustan las despedidas. No me gustaría verte llorar. Soy débil a tus encantos y a tus manías. Pero ya está dicho. Me voy de ti con un beso en tu frente.

Sabes... me duele dejarte, pero creo que es necesario. No te dejo, sólo me aparto para seguir adelante mi camino.

De lo que estoy seguro es que no te robe el corazón, no lo rompí, no te traicione, no te herí. Al contrario, cada día y cada noche te amaba más y te di lo mejor de mi amistad. Tuviste todo mi cariño, amor, mis cuidados, mis alegrías, mi atención, mi paciencia y algunos momentos juntos inolvidables.

Mi intención fue compartirte mis alegrías
mí amor, felicidad y apoyarte en tus días malos,
aunque a veces parecía que no apreciabas
lo que te di y que nunca te sirvió.

Sé que lo que hice fue por amor y de corazón,
con cariño y con afecto para ti. Nunca esperé nada
a cambio, es más, ni las gracias esperé... pero ya,
¿para que doy más explicaciones de lo que te di
y por qué te dejo?

Mi ángel

Te has ido de mi mundo material.
Mi ángel, siempre vivirás para mí.
Mi tierno niño, estarás junto a Dios.
Dejaste en mí un vacío muy triste.

Tal vez te alcance en un otoño
o quizás en invierno, algún día.
Vivirás por siempre en mi vida.
En mi corazón te llevaré alegre.

Extrañaré tus risas y travesuras,
tus pucheros y tus caricias.
Bendito el reino dónde estés.
Tu amor me acompañará, bebé.
Tu cuna y moisés vacíos están.
Tu inocencia: pura y blanca.

En el cielo encontrarás ángeles…
que guiarán tu camino.
Ángeles, serafines y querubines…
que estarán enseñándote.

Me dejaste, pero vivirás
para siempre en mi corazón.
Llevaré tu recuerdo grabado…
En tus caricias vivirás siempre…
En mis sueños te recordaré.
Estarás en mis oraciones día y noche.

Mi barca

Surcando los mares y océanos iré por ti.
Espérame ahí donde nos veíamos siempre.
Esta tormenta cesará en un instante, amor.
Voy a desafiar olas y feroces tiburones.

Mi barca está llena de tus recuerdos.
Aguarda con tu maleta llena de amor.
Por ti me enfrentaré con más anfibios.
Cruzaré la tempestad y llegaré por ti.

No desesperes. Los vientos son fuertes,
pero el amor que siento por ti lo es más.
Los moluscos y algas me guían hacia ti.
Cruzaré el océano con mi humilde barca.

En una escalera de piedra amarré la barca.
Con mis harapos húmedos y sin un zapato llegué.
Los remos golpeteaban con el fuerte oleaje.
Dije que llegaría por ti sea lo fuere, amor.

Caminé sobre las piedras buscándote.
Los vientos del océano nublaban mi vista
Podía oler tu aroma, lo sabía, y no estabas.
Escuchaba el eco de tu risa y no te miraba.

Te encontré en un recoveco de peñascos.
Tu maleta de recuerdos flotaba en el mar.
Estábamos juntos otra vez y para siempre.
La brisa del mar cubría nuestros cuerpos.

No sabes la odisea para llegar aquí.
Lo haría una y mil veces más por ti.
Si mi barca hablara, todo te contaría.

Valora lo que hacen por ti; no siempre se
tiene la dicha de contar con alguien así.

Dejando huellas

Voy dejando mis huellas andando.
Entregué en esta vida mis tesoros.
He recorrido senderos espinosos.
Entregué una pizca al necesitado.

Caminé con pie firme y de frente,
como guerrero que no se rinde.
Te compartí sin tener suficiente;
me quité mi ropaje para cubrirte.

En este mundo vine a dejar huella.
Mis historias con tinta indeleble y
archivadas en un almanaque rojo
lleno de sentimientos, brotando.

En esta vida fui amable y cariñoso;
siempre de pie y fuerte como roble.
Fui de acero, luchador de batallas.
No gané todas, pero siempre luché.

Supe escuchar y platicar con todos.
Odié a veces, pero toda la vida reí.
Lloré y sólo yo supe por qué fue.
Entregué alegrías a niñez bendita.

El cariño y amor siempre lo tuve
de mis semejantes, y con él me
quedo para toda la vida. Amé
de una manera fugaz y alabastrina.
Sin conocer entregué todo.

Corazón roto

Hoy escribiré una historia diferente.
Esta vez será escrita con tinta roja,
con sangre que brota del corazón.
Nunca creí escribir con color rojo.

La tinta es sangre de mis venas,
de mis pensamientos sangrando.
Mi alma y mi corazón rotos están
y de ellos emanan tus recuerdos.

Me cerraste las puertas de tu amor.
Me hiciste salir de tu vida amándote.
Mi corazón sangrando lo dejaste.
Algún hechizo me hace recordarte.

Escribo con sangre de tu cruel partida.
de mi corazón roto y mi alma herida.
Con mis alas emprenderé un gran viaje
y dejaré que el tiempo cure mi caída.

Escribí con tinta roja y sin rencores.
Con sangre escribí y sin reproches.
Mí corazón roto está y brota sangre.
Mi alma después de ti estará alegre.

Soy tu otoño

Soy tu otoño, blanca flor de verano.
Eres una bella rosa nacida en julio.
Soy el otoño que te amará siempre.
No llores por mí, yo no soy para ti.

Soy un atardecer y tú una mañana.
Eres la flor en la cúspide de tu vida.
Eres primavera con un Sol de abril.
Tu cuerpo de belleza y silueta blanca.

Tu belleza que se ensucia con nada.
Eres el amanecer y yo tú atardecer.
Serás la flor más bella y codiciada,
Mi alma otoñal debe dejarte crecer.

Eres una belleza inteligente y joven.
Tu alegría y simpatía me enloquecen.
Tu seda y lacia cabellera me imponen.
La mirada penetrante de tus ojos me
enamora y me vuelve loco de amor.

Mujeres guerreras

Las mujeres sublimes y benditas:
mujeres guerreras de las batallas,
mujeres de gran belleza afrodita;
en cada etapa llevan un triunfo.

Su generosidad, lealtad y fe de gran vida…
Tan genial e intelectual su vivir.
Muy divertidas y enojonas de carácter.
Enamoradas y caprichosas en un suspiro.

Mujeres bellas por todos lados.
No hay anatomía para describirlas.
Los sentimientos por ellas agradecidos.
Sin costillas son fuertes y grandes.

Con hilos de plata son iluminadas.
Tomando café son hermosas.
Al amor entregadas las doncellas,
sin tacones altos de gran belleza,
enloquecen las caderas a todos.

En el mundo no hay nada mejor
que las benditas mujeres, que,
incondicionales e incansables,
luchan en la vida que les tocó.

A todos nos queda amarlas,
cuidarlas, respetarlas, quererlas,
entregarles el alma y un corazón
que hable de amor.

Carta de una madre

Soy tu madre y desde hoy te cuidaré.
Algunas veces te enfadarás conmigo,
otras veces te gritaré como una loca.
Te voy a llamar la atención mil veces.

Repetiré las cosas para que las hagas
y tú vas a refunfuñar siempre en todo.
En ocasiones te daré nalgadas y llorarás.
¿Y sabes por qué? Porque te amo, cariño.

Para mí eres puro y blanco, hijo mío.
Eres inocente antes de una condena.
Siempre seré tu cómplice por amor,
tu madre que siempre te va a amar.

Nadie te amará más que yo en la vida;
sin ningún interés, sólo amor maternal.
Hijo, tus triunfos son también los míos;
tus fracasos también y estaré contigo.

Te vas a enojar por mis insistencias
para que perfecciones tus acciones.
Mis consejos molestan en ocasiones
y serán para que seas una gran persona.

Vas a llorar y quizás no estaré ahí.
Vas a sufrir para aprender de la vida.
De la inocencia aprenderás valores;
de la infancia, nuestros recuerdos.

Así las cosas, porque soy tu madre.
Te digo todo esto porque te amo.

La chica de azul cerúleo

Eres mi musa de noche y día.
Me gustas así, de azul cerúleo.
Tapizar con mi espátula tu piel,
pincelar tu corazón de amarillo,

llenarte de colores, bella musa.
Correría mi pincel con magenta,
tus pechos con un verde vejiga;
un azul turquesa para tu torso.

Coloreo tu vida en muchos tonos.
Me gustas vestida de azul cerúleo.
Tus cabellos con un amarillo ocre
para que iluminen tu bello rostro.

Mi más bella y hermosa doncella,
mostrándome tu cuerpo sin pudor
tras un biombo y telas de seda que
atraviesan mi deseo de salpicarte.

Desde mi caballete aprecio tu interior.
Descubro tu alma, mi bella musa.
Haz hecho que la obra tenga vida,
y en ella el amor que te tuve...
bella mujer de azul cerúleo.

Madre divina

Madre, que me viste del vientre nacer,
a ti que me diste vida para crecer,
a ti te dedico mis bellas historias.
Para ti, madre mía, son mis victorias.

Victorias ganadas en miles de batallas.
Gracias, madre, por la constante entrega,
porque a cada instante te preocupaste
por el hijo que cuidabas ante todos.

Gracias, madre, por tu amor incondicional,
tus caricias y cariño a cambio de nada,
por tus consejos sin malas intenciones,
por estar conmigo tu corta y feliz vida.

Madre, te fuiste en una manta divina
hecha a pincelazos de varios colores,
de un corazón grande y amor eterno.
Fuiste y serás siempre mi fortaleza.

Fuiste mi escudo ante el lobo rapaz.
Tan bella tú y tus sabias palabras.
Tu sabiduría llena de experiencia que
de niño no entendí ahora me guía.

Si volvieras a nacer, mi único deseo
sería que fueras otra vez mi madre.

Mujer, madre y esposa

Tú, mujer consejera de todos,
mujer que en oraciones nos llevas,
mujer perfecta y mujer perfumada.
Tú, que madrugas al alba del día.
De niña, chiquilla y berrinchuda.
De adolescente, mujer rebelde.
Mujer, tejida por Dios a mano,
te entregas sin nada a cambio.
Mujeres que se multiplican.
Mujer de penetrantes aromas.
Benditas mujeres y bella tú.
Mujer de tierna mirada.
Mujer, cuna de vida.
Mujer frágil y
alegre.
Mujer, madre soltera y guerrera,
con la dicha de ser madre.
La ilusión a cuesta de ser madre,
pero algo salió mal con la pareja.

Mujer, madre, siempre pendiente
de los críos, los suyos y de todos.
Eres de barro y colores brillosos.
Mujer intensa, valiente y bella.

Mujer, llevas la dicha en tu ser.
Pocas veces valorada,
a veces hasta humillada,
y eso no te detiene,
porque tú brillas como oro
y esa luz, alegría y paz,
nadie te la apagará.

Mujer, cuídate y explórate

Las mujeres, todas muy amadas.
Quiérete de una forma especial.
Ya no quiero que se vayan más.
Cuídate, explórate y revísate.

Mujeres de latente fragilidad.
Atiéndete cada punzada de ti.
Mujer, nada te cuesta tocarte.
Mujer, no te alejes y acércate.

Cuida tu belleza de todos lados.
Mujer, la vida está en tus manos.
Tú eres fuente de vida, protégete.
Eres un pedazo de Luna brillante.

Mujer, eres la bella musa del poeta,
eres la sintonía del vals nupcial.
Mujer de barro, fuente de juventud.
Mujer, explórate; sea lo que sea.

Mujeres de mil colores y mil amores.
Mujer, no dejes apagar tu luz de vida.
Ámate y quiérete antes que a nadie.
Sé primero tú, luego tú y después tú.

Levanta la voz

Mujeres de mil colores.
Mujer de enorme sonrisa,
que nadie apague tu brillo
por ser mujer de nacimiento.

Eres de barro y de gran amor.
Tienes derecho a ser feliz, mujer.
Nadie te quita la libertad de vivir.
En tu cuerpo mandas tú y sólo tú.
No te calles y rompe el silencio.
Mujer, levanta la voz y vive feliz.

Tu libertad de ser mujer es digna.
Tu trabajo, sea cual sea, es honrado.
Tu forma de vida es respetable.
Mujer, tienes derecho a ser feliz.

Nadie vende tu cuerpo en una noche.
Mujer, no dejes que rompan tu vida.
Levántate y sé valiente, sin miedo.
Mujeres prisioneras, griten al mundo.

Mujer bendita,
levanta la voz y rompe el silencio.

No más trata de blancas. No más.

Virgen morena

Lupita y morenita de mis amores,
madre y reina de los mexicanos,
morenita bendita y tejida en seda.
Diego, gracias por escuchar su canto.

Al contemplar tu rostro frágil y ver
el cariño que nos das a diario, madre.
Morenita, madre de Dios, bendita,
agradecemos tu enorme amor.

Morenita que engalanas la noche
con las estrellas de tu manto.
Tu santuario divino en el Tepeyac
y donde vamos a venerar tu fe.

Morena que vives en los corazones,
morenita, te llevó en mis momentos.
Madre, mi credo y mis rezos para ti.
Morena, te llevó en mi fe y mis alegrías.

Cuidadora de mis días y mis noches.
Mi morena, te traigo mis alabanzas.
Te traigo, morena, mis odas y mis rezos.
En mi corazón llevo todos tus milagros.

Día de las madres

10 de mayo: Día de las madres.
¿Qué haríamos sin ustedes, madres?
Benditas y hechas de varios colores.
Son música en cuatro cuarenta.

Madre, no me sueltes de tu mano.
Madre, quiero siempre tus consejos.
Madre, de ti aprendí a defenderme.
Contigo fui feliz y muy amado.

Madre, pilar de miles de hogares.
Madres tejidas por orden de Dios;
hechas de barro, hierro y madera.
Siempre guerreras y luchadoras.

Madrecitas:
siempre bondadosas y cariñosas.
Siempre preocupadas por todos.
Siempre amadas y veneradas.
Pocas veces reconocida su labor.

Madre hecha de terciopelo fino.
Madre, escultura en barro blanco.
Madre tejida en cedas brillosas.
Bendita y bendecida en tu vida.

Amo tu mirada plena.

Amo tus arrugas bellas.
Amo tus canas brillantes.
Amo tu forma de caminar
y los consejos que me das.

Mujeres de terciopelo

Mujer entrañable de corazón.
Mujer tejida entre bellas ninfas;
tejida entre bellas alondras.
Vuela alto, mujer de terciopelo.

A este mundo viniste a amar.
A este mundo viniste a reír.
Viniste a bailar, a gozar y vivir.
¿Por qué lastimar a las mujeres?

Mujer, nadie tiene por qué juzgarte.
Mujer, el amor no duele, no es dolor.
Si te ama no te lastima y no te hiere.
El amor es algo bonito, debe ser cariño.

Mujer, eres fuerte ante las tormentas.
Mujer, eres de cuerpo robusto y frágil.
Mujer de sentimientos sinceros y finos

Sin ustedes no habría humanidad.
Ustedes son la humilde fuente de vida.
Diseñadas para dar bondad, amor y paz.
Mujer guerrera y aguerrida en batallas.

Mujer, explórate

Mujeres de colores brillosos,
amadas en todo lugar y tiempo.
Mujeres, son perfectas en todo.
Mujeres inteligentes y geniales.

Sólo un instante te lleva revisar.
Explora tu cuerpo a solas, mujer.
¡No temas, es mejor hacerlo ya!
El tiempo avanza y no perdona.

Valora tu vida y la de los tuyos.
La vida es un instante, cuídala.
Escucha los latidos del corazón;
el cuerpo habla, ponle atención.

Eres mujer bendita, tejida a mano
en lienzos de ceda y organza fina.
Mujer de barro y arena en marrón.
Mujer con suave aroma a dalias.

No eches en saco roto y mírate
por dentro y por fuera, mujer bonita.
No mires proporciones y estaturas;
preocúpate por una vida feliz, mujer.

Alma de mujer

Mujer, eres arte y camino de vida.
No eres amante de nadie, mujer.
No importa tu figura y tus curvas;
hermosas tus piernas torneadas.

Tu cuerpo siempre bello de arte.
¿A quién le importa tu estatura?
¿A quién le importa tu color?
¿A nadie le importa tu cabello?
Nadie entiende tu alma bella.
Tu belleza no está en una talla.
Nadie conoce tus sentimientos.
Tu amor para todos está ahí.

No tengas miedo de nadie.
No tengas pena de salir.
Nadie está hecho de barro.
Critican lo bello, lo más perfecto
y hasta lo más sublime que hay.

Tu belleza, mujer, es impecable.
Tus arrugas, sabiduría de vida.
Tus canas, pruebas de triunfos.
Y día con día cosechas éxitos.

Mujer, a veces eres de barro;
a veces de terciopelo; a veces
de acero, y a veces eres frágil,
pero, todos los días, guerrera.

Madrecita, hoy, en tu día

Madrecita linda, hoy, en tu día,
gozaste la vida con amor.
Te recordaré siempre en mayo.
Fuiste la más dichosa siempre.

Felices tus años y todos tus días.
Fuiste la más preciosa y bella.
Las mañanas alegrabas mi alma.
Los pájaros cantaban sólo para ti.

Tus canitas que te adornaban,
tus pies cansados y no paraban.
Me diste cariño, amor y bondad.
Gracias por tu tiempo y lealtad.

Que no me falte y que no se vaya.
No quiero que me faltes nunca.
Déjame estar contigo, madre mía.
Quiero tus regaños y consejos.

La mujer que más quise se fue;
ella, la más dulce y bella.
Me dejó; se fue y está con Dios.
Te recuerdo cada 10 de mayo.

Mujer, flor de lirio

Mujer de mil colores,
mujer tejida a mano,
eres de gran belleza
en colores brillosos.

Tu belleza, la más fina,
que enciende mi alma.
Hace latir mi corazón
más fuerte, sin parar.

Cómo una flor de lirio
que flota en el pantano,
decorada con perlas
finas y brillantes dorados.

No importan tus curvas.
No importa tu estatura.
No importan tus piernas.
No importa tu celulitis.
No importa tu color.
No importa nada. Nada.

Lo que importa eres tú.
Importan tus valores,
inteligencia y sabiduría,
tu amor por los demás.
Mujer, flor de lirio blanco,
eres la única mujer
que lleva amor, bendiciones
paz, sabiduría y regocijo.

Madre y mujer

Madre que vas por el mundo
con pies descalzos cenizos,
llevando contigo cicatrices
que marcaron tu linda vida.

Madre joven, desnuda al alba,
siempre adoración de tus hijos.
Madre bendita, esposa y amiga,
siempre llena de amor y bondad.

Madre de aroma a rosas blancas,
esposa de entrañables momentos.
Hoy es tu día, hermosa madre mía.
Que seas dichosa todos los días.

Madre tejida y hecha a mano.
Madre frágil y hecha de barro.
Madre guerrera para la batalla.
Madre fuerte hecha de bronce.

Madrecita linda, que Dios te bendiga,
que en tu día recibas mucho cariño.
Madrecita mía, qué lindos tus días.
Todos festejamos este 10 de mayo.

Madre llena de vida, de dicha, de amor,
de felicidad, que vivas una eternidad.

Padre

Ando buscando a un hombre,
un hombre de pelo cano.
Por distintivo, cicatrices en su rostro
Sus pasos, al caminar, lentos.

Mi viejo, mi gran amigo.
Su vida cargada de espigas,
su sabiduría para conversar,
sus pasos cansados al andar.

Si alguien lo ha visto,
anda con el alma cansada,
con el corazón muy alegre.
Los años se le vinieron encima.

Siempre sus mejores consejos.
Grandes historias en su mente.
Cicatrices de batallas latentes.
Un libro de cuentos vivientes.

El campo y las montañas, su vida.
Sus hijos y compañera, su orgullo.
Sus nietos, un regocijo que anida.
Tu recuerdo vivirá por siempre.

Mi gran viejo

Viejito querido, sangre de mi vida,
viejito lleno de pelo cano brilloso,
en cada arruga llevas los triunfos;
en tu andar llevas sabiduría y paz.

Mi gran viejo enojón y alebrestado,
gritabas esto, lo otro, aquello, uff.
Eras así. Ahora eres la bendición.
Tus alegrías y tus conocimientos.

Mi padre es una madeja de hilos y
mis genes son tu sangre, padre mío.
Dios te quiere, adora y te bendice.
Tus recuerdos de niño son míos.

Lejos o cerca, siempre estás aquí.
En mi corazón siempre vivirás.
Tus cabellos de plata y oro puro,
tus consejos que jamás olvidaré.

Siempre estaré contigo, mi viejo
cabeza de algodón y sabiduría.
Eres un libro con miles de historias,
un misterio místico lleno de vida.

Padre, eres grande y bondadoso;
eres ejemplo de vida;
eres un enjambre de sentimientos;
eres paz y eres amor.
Padre, eres dichoso y amoroso.
En fin, eres bendecido…

Bendiciones de un padre

Hijo, quisiera regresar el tiempo
cien años para amarte.
Pido a Dios que bendiga tu camino.
Hijo, cuida de tu madre siempre.

Anda y ve por el buen camino.
Ve y ayuda al más necesitado.
No hagas daño a tu prójimo.
Ama al que está en tu vida;
al que te acompaña, quiérelo.
Hijo, agradece lo que te dan,
agradece el tiempo vivido.
Un día terminado agradécelo.
El nuevo día vivido disfrútalo.

Hijo, no andes de viperino ni
blasfemando a tu prójimo.

Haz el bien y sé mejor persona
Extiende tu mano; ayuda y ama.
Venera a tus padres y siempre
ten fe en Dios, que Él no abandona.
Tiende la mano al necesitado,
juega con los niños e infantes;
cántales una canción de cuna.

Hijo, perdón por la poca vida que
viví contigo; gracias por lo mucho
que me diste y que aprendí de ti.

Gracias, hijo mío.

Nochebuena

24 de diciembre es Nochebuena;
noche fría, pero muy hermosa.
Noche bendita en que nació Jesús;
24 de diciembre llego a redimir.

Esa noche revivió mi corazón.
Noche de fiesta y algarabía,
noche gélida y llena de nieve.
La virgen y José velan al niño,
los pastores cantan alabanzas,
el ángel lo acaricia y bendice.

Noche de paz, amor y armonía.
Se viste la noche de colores;
las calles anuncian su llegada.
Es noche buena y no de dormir.

Noche de perdonar y abrazar
para regocijarnos y amarnos.
Noche de reflexión en hogares.
Esta noche es Nochebuena.

Noche de dar y compartir.
Noche de amar y perdonar.
Noche de dar al necesitado.
Noche de compartir todo.
Noche de guardar y orar.

Está noche es Nochebuena
y mañana es Navidad.

No sólo en Nochebuena debemos
compartir, sino todas las noches, todos
los días, con el prójimo alrededor.

El mundo necesita paz

Necesitamos paz en el mundo
para tener amor y tranquilidad.
Necesitamos la comprensión
para la humanidad mundial.

En el mundo debe haber paz.
Necesitamos más hermandad.
La infancia necesita amor.
No más guerras en el mundo.

Dios protege al prójimo de líos.
No más miedos en las calles.
No más injusticias en presidios.
No más hambre en la humanidad.

No más enfermedades extrañas.
No más desamor al desamparado.

Ayuda al desvalido que no tiene.
Ofrece la mano al que necesite.
Sonríe al que pasa cerca de ti.
Escucha al anciano y aprende.
Comparte lo poco que tienes.
Cuida de la mascota que sea.

Necesitamos paz en el mundo.
No queremos guerras.
No más discriminaciones.
No más trata de blancas.
No más guerras de banderas.

Los Reyes Magos

Llegaron los tres Reyes Magos.
Melchor con oro,
Gaspar con incienso y
Baltazar con mirra aromática.
Llegaron a adorar al niño Jesús,
el niño enfadado en su pesebre.

Los reyes apenas ven en la
obscuridad, pero un lucero los
guía hasta Belén, cruzando las
montañas, cerros y desiertos.

Los tres reyes traen regalos
al rey de Belén; traen paz al
mundo, amor a la humanidad
y muchas bendiciones.

Melchor, Gaspar y Baltazar,
alegres, le sonríen al niño.

Hoy la niñez bendita duerme
para esperar a los reyes con
los regalos de bondades.
Hoy 6 de enero es felicidad.

Los tres Reyes Magos llegan
de tierras lejanas a Belén, y al
mundo, con amor, paz, regalos
y bendiciones para todos.

Gracias, Dios

Gracias, muchas gracias a todos y cada uno de
mis amigos que compartieron momentos de
felicidad, tristeza, alegrías y uno que otro
tropiezo. Gracias por la confianza a todos.

Este año que culmina fue de conocer nuevas
personas. Las que se quedan, las que se van y
las que llegan. Todas invaluables.

Levanto mi copa y brindo por mis amigos,
familiares y conocidos. Tengo de todo: niños,
ancianos, señores, señoras y adultos. A todos
ellos que Dios los colme de bendiciones y
que no les falte nada en su hogar, trabajo,
salud, paz y armonía.

Gracias, Dios, por este año:
por las mañanas gélidas y tibias,
por las noches enteras de dormir.
Gracias por lo que nos das a diario.
Gracias por anochecer contigo.
Gracias, Dios, por cuidarnos en todo lugar.

Escojo a mis amigos por el alma,
por la cara lavada, por sus actos, con
sus errores y por lo que son.
Esta noche brindaremos por el año que
culmina y por el año que comienza.

Un brindis por los amigos

Pido un brindis por los grandes amigos;
por los que encontraste por casualidad,
aquellos que llegaron inesperadamente,
que aparecieron por el mismo viento.

Amigos que están cuando los necesitas;
te dan la mano sin pedir nada a cambio;
se quitan la camiseta para ti en el frío.
Amigos que siempre te darán sus manos.

Aquellos que te escuchan con atención,
que te dan su tiempo sin condiciones.
Elevo mí copa por los que no están,
por los que se fueron y dejaron huella.

Por el tiempo que te entregan a diario,
por el espacio que te hacen en su vida.
Los que eligieron los malos momentos,
a los que despreciaste y aún siguen ahí.

Un brindis por los amigos
que no te abandonan en mal momento,
que te escuchan sin juzgarte,
que te comparten de sus riquezas,
que velan y se preocupan por ti.

En fin, el valor de un amigo no tiene
precio, ni moneda que lo compre.

Un amigo

Los amigos en tierras fértiles.
Mi querido fiel amigo lazarillo,
siempre a mi lado, de tu mano,
escuchando mis quejumbres,

haciendo mis días de alegría.
Tengo muchos amigos buenos.
Soy tierra fértil para tenerlos;
soy llano para cosecharlos,
y tierra firme para conservarlos.

Hay amigos para siempre.
Hay amigos pasajeros.
Amigos para toda la vida,
amigos que llegan y se van,
amigos de lejos, pero están.
Pero, en fin, fueron entrañables.

Un amigo te da su tiempo.
Un amigo te brinda su lealtad.
Un amigo no juzga tus acciones.
Un amigo te enseña y te da la mano.

Mi México

Eres grande tierra azteca, su gente,
sus montañas llenas de vida y lluvia.
México unido en un mismo corazón;
eres bondad, espíritu y esperanza.

Viva México, porque eres la fuerza;
eres garra, sangre y gran entereza.
México de mis amores, rincón de fe.
De mil colores, mi México, brillarás.

México, en pie te quiero ver otra vez.
Tus calles empedradas rebosantes,
tu tráfico imparable día y noche.
Las heridas en el tiempo quedarán.

Estás triste mi México, tu gente llora.
Tus calles están y se visten de luto.
Desolados tus callejones empedrados.
Las jacarandas sin follajes quedaron.

Bendita naturaleza y prueba de vida
para México y sus estados queridos.
Tierra Azteca unida en un corazón.
México de mis amores, eres grande.

México de mis amores

México, eres de gran belleza.
México de grandes leyendas.
El México aguantador al día.
México de grandes colores.

Tus paisajes con montañas
verdes, áridas y rocosas.
Tus ríos siempre caudalosos,
llenos de aguas cristalinas.

Paisajes con verde vejiga, de
amarillo canario, azul cerúleo,
magenta, y todos los colores
engalanan tus atardeceres.

Tus calles empedradas de San
Jacinto, San Ángel y Coyoacán.
Tus casas, todas de color café.
México de mis amores, te quiero.

Tu gastronomía y tus ricos olores.
Tu mezcal reposado y sus sabores.
Tu tradición del Día de Muertos.
Gente de ojos grandes y obscuros,
de pies descalzos y trabajadores.

México, tierra de sabores y olores.

Pecado de amor

Si amarle a usted es un pecado,
quiero ser expulsado de su reino.
Ser pecador por amarle me gusta,
y no es por mí, sino por respeto a ti.

Ud. es mi perdición, dicen por ahí.
Amándole toda una vida: mi pasión.
Me enseñó a amarle sin condición.
Le entregué mi cuerpo y alma.

Quiero pecar cada noche con Ud.
Sí ya no tengo el cielo por amarle,
quiero disfrutarle cada madrugada;
sentir deseo y lujuria dentro de mí.

Pensar en Ud. me enerva la sangre.
Me sulfuran las anchoas de tenerle.
Me excitan sus deseos de sentirme.
Déjeme degustarle libidinosamente.

Quiero vivir en pecado, así soy feliz,
liberarme de ese deseo demencial.
Deseo que nos consuma a los dos.
Frote mi cuerpo y quémelo en brasas.

Me desnudé contigo

Me desnudé varias veces contigo.
Te entregué mi alma sin miedos.
Dejé que sanaras mis cicatrices.
Te desnudaste también conmigo.

Descubrí tu sensibilidad y bondad;
encontré al ser humano que eres.
Te desnudé y entendí tus tristezas.
Me desnude sin ningún preámbulo.

Me desnude contándote mis temores.
Desnudo te conté lo que me afligía.
Me desnudé demostrándote mi amor.
Me desnudé diciendo que te amaba.
Todos los días me desnudaba para ti.

Me desnudé sin reservas sólo por ti.
Desconozco lo que encontraste en mí.
Yo encontré felicidad, alegría y paz,
algo que no había descubierto.

¡Quédate, no te vayas!
Sí, regresa. Todo está como lo dejaste:
la cama con ropaje limpio de lino,
la alcoba con el olor a tu perfume,
en el horno tu pastel de moras,
y el jugo de mandarina que te gusta.

Nunca será demasiado tiempo para estar juntos. Duerme en la habitación azul, tu bata de baño cuelga donde la dejaste y tus pantuflas te esperan.

Ahí nadie te molestará a tu regreso.

Diciembre triste

Llega diciembre y estamos tristes;
tristeza que nos embarga a todos.
Un año de lucha y sobrevivencia.
Unos se van sin decir adiós,
otros no saben que se fueron
y algunos luchan por sobrevivir.

México y el mundo están muy tristes.
Este diciembre será muy diferente.
Brindaremos por toda esta vez y
por algunos que ya no estarán aquí.

Unos luchando por sobrevivir a todo;
otros en la calle, de frente a la muerte;
algunos encerrados, esperando salir,
y unos más debatiéndose por la vida.

Entrega amor al desvalido.
Tiende la mano al que lo necesita.
Ayuda a la ancianidad bendita.
Protege a la niñez.
Comparte lo que puedas.

El mundo respira tristeza.
Todos podemos ayudarnos.
Visita al enfermo, le hará bien.
Escucha al vagabundo.
Entrega amor a todos.

www.ingramcontent.com/pod-product-compliance
Lightning Source LLC
LaVergne TN
LVHW021540080426
835509LV00019B/2747